Para: ....

*Feliz Aniversário!
Escolhi esta maneira
original para lhe desejar
muitas felicidades, saúde,
prosperidade e longos anos de
vida maravilhosa e
abençoada!*

....
Nome

Dia: ....

Autor: Lauro Trevisan.
Editora da Mente, Santa Maria, RS, Brasil.
Lançamento: 14 de agosto 2010.
Capa: Andrey Lamberty.
Direitos reservados. Pode usar textos isolados, citando obra e autor.
CTP/Impressão: Gráfica Pallotti - SM

T814f	Trevisan, Lauro
	  Feliz Aniversário / Lauro Trevisan – Santa Maria : Editora da Mente, 2009.
	  40 p.
	
	  ISBN: 978-85-7151-0562
	
	  1. Psicologia 2.Autoajuda 3. Motivação I. Título
	
	  CDU 159.962.7

Ficha Catalográfica elaborada pela Bibliotecária Eunice de Olivera – CRB 10/1491

EDITORA DA
mente

Editora e Distribuidora da Mente
Caixa postal 559 – cep:97015-663
Santa Maria, RS, Brasil
Fone: (0xx55)3223.0202
Fax: (0xx55) 32217184
E-mail: mente@laurotrevisan.com.br
Autor:laurotr@uol.com.br
Site:www.editoradamente.com.br

Lauro Trevisan

Feliz Aniversário

2ª edição: 2013
Editora da Mente - Santa Maria - RS

DIA ESPECIAL

Sei que Você tem muitos afazeres. Mil coisas na cabeça. A correria é grande. Mas, hoje não é um dia qualquer.
É o seu dia especial de celebrar a vida.
Dia de festejar o viver.
Dia de erguer um brinde à sua presença nesse lindo planeta.
Este é o dia do coração. E o coração quer rir, brincar e abraçar.

Lauro Trevisan

VOCÊ É UM VENCEDOR

Hoje é aniversário
do dia em que você venceu a
grande competição
contra cerca de 400 milhões de
concorrentes à vida.
Não tivesse chegado à frente,
alguém estaria ocupando seu
lugar no planeta.
Parabéns, vencedor!
Lembre-se dessa fantástica
aventura
e desabroche um belo sorriso
vitorioso.

SÓ POR HOJE

Só por hoje dê férias
ao seu lado batalhador,
perfeccionista, responsável,
e faça programa extra,
reúna pessoas queridas,
ponha um bolo na mesa,
champanhe no cálice
e cante junto: Parabéns a Você.
Esse é o grande dia da sua
História.

Lauro Trevisan

VOCÊ MERECE

É claro que merece comemorar
o dia inesquecível em que
aportou a este planeta.
O portal se abriu e você
proclamou: Cheguei!
O mundo ficou feliz e melhor
com a sua presença.
Ainda está batendo palmas a
você.
Não vai retribuir
com seu carinho e boa vontade?

ESTÁ SE QUEIXANDO?

Você pode até ter carradas de razão para se queixar.
É verdade que nem tudo acontece de acordo.
Mas, agora, suspenda as lamúrias.
Hoje é dia de parar, olhar, escutar, agradecer, festejar e começar, em grande estilo, a jornada do novo ano de vida.
Caminho bem começado é meio caminho andado.

SUAS ORIGENS

Sabe você de onde veio?
Veio do Infinito. Seus pais foram
os intermediários responsáveis.
Sabe quem é você? Faz anos que
está por aqui e não sabe quem é?
É espírito e matéria. Espírito pela
dimensão do Infinito; matéria
por ser parte do universo.
Espírito pelo poder criador;
matéria por ser tempo e espaço.

Feliz Aniversário

MUITAS FELICIDADES!

É o que mais lhe desejo.
Ser feliz é o objetivo da vida.
Ser feliz é o apelo da sua essência existencial.
- Seja feliz - é o desejo de Deus para você.
- Seja feliz - é o que lhe augura toda a humanidade.
Seja feliz – é o que lhe inspira o universo.
- Seja Feliz – é o apelo desse planeta a você.

Lauro Trevisan

PEÇO A DEUS

Mais do que ninguém, eu lhe desejo toda felicidade sonhada por você.
Que o seu coração esteja sempre inundado de felicidade, em todos os momentos!
Tenha certeza de que estou orando a Deus para que o reino dos céus habite sua alma e o prazer da vida torne maravilhosos seus dias.

Feliz Aniversário

NOSSA AMIZADE

*F*azer parte da sua amizade é um
privilégio para mim.
Ter a presença de pessoa amiga
é como viver em jardim
florido e perfumado.
Mesmo que a gente não se
encontre com frequência, saiba
que nossa amizade sobrepuja o
tempo e a distância.

OMBRO AMIGO

Uma das coisas mais apreciadas
na vida é ter um ombro
amigo, desfrutar um coração
aconchegante
e poder trocar palavras de
empatia,
que nascem com sabor de mel
e irradiam vibrações de
bem-querer.
Você é isso!

Feliz Aniversário

ANJO SEM ASA

Calma. Não estou querendo arrancar você deste mundo para que faça parte da corte celestial. Apenas quero dizer que a pessoa amiga, verdadeiramente amiga, é como um anjo que acompanha, protege, ajuda, anima, aconselha, sugere, vibra, elogia, diz a verdade necessária sem cobranças, e perdoa as fraquezas, irritações, instabilidades, descasos e egoísmos.

DOIS PEDIDOS

A atitude que revela a grandeza de alma é a que sabe agradecer.
Faça dois pedidos a Deus nesse momento: que possa ver as coisas boas que a vida lhe propiciou e que tenha a capacidade de agradecer.
Ao começar essa nova etapa, agradeça a vida, a evolução, as aquisições, os momentos felizes e amorosos, os aprendizados e o progresso.

BOM CARÁTER AGRADECE

O agradecimento tem a ver com o passado. E é porta para o futuro.
Como disse George Herbert, (1593-1633), poeta, orador, padre anglo-galês: "Deste-me tanto. Dá-me agora uma coisa a mais:
um coração agradecido".

Lauro Trevisan

EMOÇÕES DE ANIVERSÁRIO

Não há momento mais forte
para sonhar do que no dia do
aniversário.
Você acorda com aquela emoção
indescritível de estar vivo
e olha para si com carinho.
Talvez sua mente interponha
algum sentimento de frustração.
Não há razão para isso, porque
os bons acontecimentos superam
em muito os maus momentos.

ESTE É O DIA D

Sim, este é o momento de retomar o timão do barco, pensar grande e traçar os principais projetos para os próximos 365 dias.
Pensar é poder!
Seja claro,
específico,
confiante,
otimista.

Lauro Trevisan

PERGUNTE-SE

O que é que quero para esse
novo ano?
Quanto à saúde?
Amor?
Família?
Trabalho?
Dinheiro?
Cultura?
Compras?
Vendas?
Viagens?
Religião?

SUCESSOS

Acredite que este novo ano de vida
será o melhor e o maior.
Por quê?
Sim, porque assim você pensa
e o pensamento faz a realidade.
Já dizia Salomão:
"Assim como imaginou na sua alma, assim é!"
Estou mentalizando para que tudo se concretize.

DEVAGAR VOCÊ VAI LONGE

Diz-se que o apressado come cru. Comer cru é enfiar goela abaixo, sem degustar, sem valorizar o momento delicioso da mesa. Não queira apressar o rio. Ele aprendeu a contornar os obstáculos e seguir seu rumo de acordo com a situação.

Faça sua vida fluir ao natural, produzindo e desfrutando, percorrendo e descansando, avançando e contemplando.

Feliz Aniversário

A SABEDORIA DO AGORA

O agora você tem na mão, o depois está fora do alcance.
O agora é o todo da sua vida, o depois é apenas possibilidade.
O agora depende de você, o depois pertence a Deus.
O agora é sua escolha, o depois pode nunca chegar.
Viva o agora como se não houvesse depois.

MAS ALONGUE OS OLHOS

O agora é o instante único da vida.
Mas permite e deseja que você alongue o olhar
e vislumbre as colheitas desejadas.
Essas colheitas exigem a semente e a plantação.
O futuro é colheita
do que hoje você planta.
Então, perceba que o agora e o futuro estão de mãos dadas.

Feliz Aniversário

UM BRINDE À SAÚDE

Todos estamos erguendo um brinde à sua saúde. Este é realmente seu dom mais precioso. Com saúde, a vida é um fazer-se agradável, vigoroso, de bom proveito. Cuide da saúde. Sua mente avisa quando precisa de alegria e de paz. Seu corpo informa quando necessita de descanso, recuperação e equilíbrio.
Siga os sinais.

Lauro Trevisan

VIVER CEM ANOS?

Somente um motor em forma e uma carroceria boa tem longa duração.
No ser humano, o motor é a mente e a carroceria é o corpo.
Não basta querer viver longa vida, é preciso saber como chegar lá.
O corpo não decai por causa da idade,
mas em razão dos estragos que sofre no percurso.

SUA IDADE

Não pergunto quantos anos você tem, porque idade é estado mental.
Você tem a idade do coração. Como seu coração é amoroso, feliz, vibrante, otimista, sei que você é jovem. E essa juventude faz a vida do corpo.
A idade só muda quando os pensamentos envelhecerem. Não é o seu caso. Graças a Deus.

Lauro Trevisan

CONSELHOS DE ANIVERSÁRIO

Para longa vida agradável, alegre, feliz, próspera e saudável, anote:

1. Cultive o hábito da alegria e do bom humor.
2. Procure sentir-se bem consigo mesmo, com a humanidade, com o universo e com Deus.
3. Dê-se valor. Reconheça suas qualidades, suas originalidades,

Feliz Aniversário

suas peculiaridades. Você é diferente do resto da humanidade e aí está seu valor.

4. Acredite que o futuro é seu aliado. Nada de temores.

5. Não fique dias a chorar seus infortúnios. Passada a emoção do momento, erga os olhos, tenha fé, e siga em frente.

6. Calma. Mantenha a vida e os nervos sob controle. Tudo tem sua hora.

7. Evite sentimentos

mesquinhos. Tenha grandeza de alma.
8. Aceite suas fraquezas e as fraquezas dos outros. Perfeccionismo não.
9. Esteja em paz com o mundo.
10. Veja a vida com bondade e alegria.

SEUS OUTROS AMIGOS

Minha amizade por você é grande. Sei que tem outros amigos e amigas.
Mas, há ainda mais amigos que amam você e querem oferecer-lhe o melhor: o sol, a água, a praia, a natureza, as frutas, as flores, a comida, a bebida, o calor, o frio, o ar, a risada, a boa palavra, a oração, a música, a flor, os pássaros, os animais de estimação.

DEUS

Use apenas um sinônimo para Deus: pai. Ele quis que você existisse, então é seu pai.
Como pai, está sempre querendo seu bem, sua felicidade, seu sucesso, sua autorrealização, seu bem-estar.
Como pai, é seu aconchego, seu conselheiro e seu provedor.
Como pai, quer ver você alegre, sorridente, bem-humorado, esbanjando alto-astral.

ESTOU CONTENTE

Sim, estou muito contente que tenha aceito e lido esse singelo presente, que expressa o que eu queria tanto lhe dizer.
Cada palavra carrega meu afeto e meus sentimentos de amizade.
Hoje pedi a Deus Pai que visite seu coração e atenda a todos os seus pedidos.
Ele disse que o faz com prazer, porque você é seu filho.
Obrigado!

Adendo

Disseram

Cada um tem a idade do seu coração. Alfred D,Houdetot.

***

Os homens se assemelham aos vinhos: a idade estraga os maus e melhora os bons. Marie Ebner-Eschenbach.

****

*N*unca serei velho. Para mim a velhice começa 15 anos depois da idade em que eu estiver. Bernard Baruch, falecido com 95 anos. (1870-1965).

✳✳✳

*Q*uanto à velhice, abrace-a e ame-a. Ela está cheia de prazeres, se você sabe usá-la. Sêneca.

✳✳✳

*N*ão corras, não te aflijas. Só estás aqui de passagem e é curta tua visita. O importante é parar e

cheirar as flores. Walter Hagen.

***

Tenha senso de humor, cara, você vai precisar. Ninguém sabe quanto tempo vai ficar por aqui. Paul Mc Cartney.

***

A vida é muito curta para ser pequena. Benjamin Disraeli, político britânico.

***

A vida é um presente muito precioso para desperdiçá-la e devemos aprender a vivê-la plenamente. Transpor um obstáculo não é somente algo excitante ou edificante, como obter um prêmio ou bater um recorde; é algo que estimula em nosso organismo a secreção de endorfinas. Jack Lawson. (Do livro ENDORFINA, a droga da felicidade).

ÍNDICE
Dia especial / 4
Você é um vencedor / 5
Só por hoje / 6
Você merece / 7
Está se queixando? / 8
Suas origens / 9
Muitas felicidades! / 10
Peço a Deus / 11
Nossa amizade / 12
Ombro amigo / 13
Anjo sem asa / 14
Dois pedidos / 15
Bom caráter agradece / 16
Emoções de aniversário / 17

Este é o dia D / 18
Pergunte-se / 19
Sucessos / 20
Devagar você vai longe / 21
A sabedoria do agora / 22
Mas alongue os olhos / 23
Um brinde à saúde / 24
Viver cem anos? / 25
Sua idade / 26
Conselhos de aniversário / 27
Seus outros amigos / 30
Deus / 31
Estou contente / 32
Adendo/ citações / 33

OBRAS DESTA COLEÇÃO

O PODER CONTRA O MAL. Aprenda a libertar-se dos medos e ser vencedor contra qualquer malignidade.

A ORAÇÃO QUE TEM PODER. Existem orações vazias e orações que têm poder. Conheça a força da oração.

O PODER DA FÉ. Em poucas palavras, você descobrirá qual é a fé que tudo alcança, como disse jesus.

O PODER DA PALAVRA. Ensina o segredo da palavra poderosa, criadora e curadora.

VIRE A MESA, FAÇA A SUA VIDA. Este é o livreto que sacode suas dúvidas e medos e abre caminho para sua autorrealização.

VESTIBULAR, COMO PASSAR. Desvenda o segredo para ter sucesso no vestibular, em testes, exames e provas.

FELIZ ANIVERSÁRIO. Linda mensagem para dedicar a pessoas queridas e amigas que aniversariam.